AF343875

feurier 1554.   *7. Tome*

EDICT DV ROY

SVR LE REGLEMENT

DES EAVES ET FORESTS

de ce Royaume, & creation
de noueaux Officiers.

A PARIS,

Chez PIERRE DES-HAYES,
ruë de la Harpe à la Limace.

M. DC. XXXIII.

EDICT DV ROY, SVR LE

*Reglement des Eauës & Forests
de ce Royaume, & creation
de nouueaux Officiers.*

ENRY PAR LA GRACE DE DIEV ROY DE FRANCE. A tous presens & à venir, Salut. Comme nos predecesseurs Roys ayant faict plusieurs ordonnances, tant sur le fait de nos eauës & forests, que sur l'establissement & reglement des Officiers d'icelles, afin qu'elles fussent conseruees & non depopulees. Ce neantmoins ayans esté aduertis que chacun iour il s'y commet plusieurs abus & entreprises, tellement que s'il n'y est de brief pourueu, auec peu de temps elles sont pour estre totalement ruinee & gastees au grãd interest de nous & de nostre Republique. POVR CES CAVSES desirans y pouruoir, comme à vne des choses autant requises & neces-

faires que nulle autre, pour le bien de
nous & de nostredite Republique, Auons
par l'aduis des Princes de nostre sang &
autres notables personnages de nostre
Conseil Priué, & pour autres bonnes &
iustes considerations à ce nous mouuans,
dit, statué & ordonné, disons, statuons
& ordonnons ce qui ensuit.

ET PREMIEREMENT, Que tous les
Officiers des grands Maistre & general
Reformateur, Maistres & Enquesteur,
Gruyers, Verdiers, Maistres des Gardes,
Maistres Sergens, Gruyers, Forestiers,
Capitaines, Concierges, leurs Lieutenans, tant generaux que particuliers,
Conseillers, nos Procureurs, Greffiers,
Arpenteurs & Mesureurs, Archers, Sergens, Gardes & autres quelconques, de
nosdites eauës & forests, en nos Royau-
mes, pays, terres & seigneuries de nostre
obeyssance, soient par nous ou nos successeurs creez & erigez en tiltre d'offices
forméz : & la prouision d'iceux, quand
vacation y escherra par mort, resignation
ou forfaicture, estre en la pleine disposi-
tion de nous & de nosdicts successeurs, &
non d'autres : sans qu'aucuns autres, de

quelque estat, qualité ou condition qu'ils
soient, y ayent peu ou puissent pouuoir
pour l'aduenir. Et si aucuns dons, prouisions, substitutions ou commissions en a-
uoyent esté cy deuant faictes par aucuns
des Iuges de nosdites eaux & forests, ou
autres nos Officiers en icelles, nous les
auons par ces presentes reuoquees, cassees, adnullees & suprimees, reuoquons,
cassons, adnullons & supprimons & icelles declarons nulles & de nul effect. Et
auons interdict & defendu à tous ceux qui
les auroient obtenues & obtiendront, de
non eux en aider : & aux gés de nos Cours
de Parlement, de nos Comptes, Cours
de nos Aydes, Tresoriers de France, &
Generaux de nos Finances, & à tous nos
autres Iusticiers, Officiers, & subjects, de
n'y obtemperer ny adiouster aucune foy,
declarant dés à present comme pour lors,
tout ce qui en auroit esté & seroit par cy
apres fait au contraire nul & de nul effect:
& en cas de contrauention voulons les
contreuenans estre condamnez en tous
dommages & interests des parties interessees, & en grosses peines, mulctes &
amendes arbitraires à nous à appliquer.

A iij

2.   Item , pource que sommes deuëmen[t]
aduertis qu'il n'y a aucuns sieges de la Ta[-]
ble de Marbre pour ledict graand Maistr[e]
& general reformateur de nosdictes eaux
& forests , ny Lieutenans , Conseillers &
autres Officiers suffisans , pour y exercer
la iurisdiction , visiter & reformer nosdi[-]
ctes eaux & forests , & Officiers d'icelles
és ressors de nos Cours de Parlemens , d[e]
Toulouse , Bordeaux , Dijon , Prouence
Dauphiné & Bretagne , comme il y a sous
le ressort de nostre Cour de Parlement d[e]
Paris : à quoy auons trouué estre tres-re[-]
quis & necessaire pouruoir : A ces causes
pour la conseruation de nosdictes eaux &
forests , soulagement de nosdicts subjects ,
& autres bonnes considerations à ce nous
mouuans , auons par l'aduis que dessus ,
crée , erigé & estably , creons , erigeons &
establissons , en chascun des Palais de nos[-]
dictes Cours de Toulouse , Bordeaux , Di[-]
jon , Prouence , Dauphiné & Bretaigne ,
vn siege dudict grand Maistre & general
reformateur de nosdictes eaux & forests ,
& en chascun d'iceux vn Lieutenant d'i[-]
celles , auecques quatre Conseillers , vn
Aduocat , vn Procureur pour nous : les[-]

quels Officiers feront de robbe longue,
graduez & qualifiez. Et outre, vn Greffier, vn Receueur des exploicts & amendes qui s'adjugeront efdicts fieges, & quatre Huiffiers. Et au fiege de noftredict
grand Maiftre & general reformateur de
nofdites eaux & forefts, eftably à la Table
de Marbre de noftre Palais à Roüen, quatre Confeillers & quatre Huiffiers outre
le Lieutenant & autres Officiers qui y
font ja eftablis pour, *inftar* des Lieutenans
& Côfeillers d'iceluy grand Maiftre & autres Officiers, eftablis pour le faict de nofdictes eaux & forefts, au fiege de la Table
de Marbre de noftre Palais audict Paris,
par chafcun des deffufdicts Lieutenans,
Confeillers nos Aduoats, Procureurs,
Greffiers, & Huiffiers, chafcun en fon regard, reffort & limite, vifiter & reformer
nofdictes eaux & forefts, cognoiftre &
iuger des appellations interjectees, & qui
s'interjecteront des appointemens, ordonnances, fentences & iugemens des
Maiftres particuliers de nofdictes eaux &
forefts, & de leurs Lieutenans. Et gene-
ralement faire pourfuyuir, cognoiftre,
iuger, diffinir, decider, proceder, exploi-

Éter, iouyr & vſer de tels & ſemblables pouuoirs, authoritez prerogatiues prée-minences, priuileges, franchiſes, libertez, droicts, proffits, reuenus & émolumens, & y garder & faire garder les ordonnan-ces faictes, tant par noſdicts predeceſſeurs Roys, que nous, ſur le faict de noſdictes eaux & foreſts, tout ainſi que font & peu-uent faire leſdicts grand Maiſtre & ſeſdits Lieutenans, Conſeillers, nos Aduocat & Procureur, Greffier & Huiſſier audit ſie-ge de la Table de Marbre audit Paris: ſans toutesfois deroger aux droicts, authori-tez & prééminences du Lieutenant gene-ral dudict grand Maiſtre, & general re-formateur des eaux & foreſts de noſtre-dict Royaume, qui a ſa reſidence en no-ſtre ville de Paris, exerçant la Iuriſdiction de noſdictes eaux & foreſts audict ſiege de la Table de Marbre de noſtredict Pa-lais à Paris: & lequel Lieutenant General pourra aller par tous leſdicts Parlemens de noſtredict Royaume, voir, viſiter, re-former en l'abſence dudict grand Maiſtre les eaux & foreſts y eſtans, & ainſi qu'il verra eſtre à faire, & que beſoing en ſera: & tenir le ſiege, en faiſant leſdictes viſita-

tions

tions tant seulement , ainsi que sont les
Maistres des Requestes és Bailliages & Seneschaussees de nostre Royaume : Vou-
lant qu'il ayt l'authorité & preeminence
és sieges de ladicte Table de Marbre desdicts Parlemens , luy y estant, telle qu'y
auoit ou pourroit auoir ledict grand Maistre, s'il y estoit en personne : sans toutesfois prendre par luy esdicts sieges aucun
profit n'emolumens, lesquels émolumens
procedans de l'exercice de la iustice & autres appartenans ausdicts Lieutenans &
Officiers instituez audict Parlement, leur
demeureront entierement, sans que ledit
Lieutenant General dudit grand Maistre
y particepe aucunement , ny en autres
droicts , forts & exepté ladite préemi-
nence.

3. Item , auons ordonné & ordonnons
ausdits Lieutenans , Conseillers & autres
Officiers les gages qui s'ensuiuent: A sçauoir ausdits Lieutenans , à chacun la somme de deux cens cinquante liures tournois, comprins le Lieutenant dudit grand
Maistre, estably en son siege de la Table
de Marbre de nostre Palais à Rouen: &
à chacun desdits Conseillers la somme

de six vingt liures tournois de gages par
chacun an. Et au regard du Lieutenant general dudit grand Maistre, nous luy auons
accreu & assigné encores deux cens cinquante liures tournois outre six vingt
cinq liures tournois, que d'ancienneté luy
auoient esté assignez, & ce pour luy parfaire la somme de trois cens soixante &
quinze liures tournois de gages ordinaires. A nosdits Aduocats & Procureurs,
tant ausdits sieges de Thoulouze, Bordeaux, Dijon, Dauphiné, Prouence &
Bretagne qu'és sieges dudit grand Maistre
establis és Tables de Marbre de nosdits
Palais à Paris & Roüen, chacun aux gages de pareille somme de six vingt liures
tournois, sans y comprendre nostre Aduocat audit siege de la Table de Marbre à
Paris, auquel nous auons delaissé & de-
laissons ses gages & droicts accoustumez.
Ausdits Greffiers aussi de tous les dessus-
dits sieges, chacun aux gages de cinquante
liures tournois par chacun an. Ausdits
Receueurs desdites amendes, chacun
deux cens liures tournois de gages, qu'ils
prendront par leurs mains sur les deniers
de leurs receptes. Et quant ausdits Huis-

fiers, n'auront aucuns gages , mais auront
pouuoir , & les authorifons de mettre à
execution toutes ordonnances, fentences,
iugemens & commiffions , tant de nofdites eaux & forefts , que de tous autres Iuges , & d'exploicter & rapporter par deuant eux, & ce en chacun de leur reffort,
ainfi que font les autres Huiffiers , Sergens dudit fiege de ladite Table de Marbre de noftredit Palais à Paris.

4. Item, pource qne les Maiftres de nofdites eaux & forefts, ou aucuns d'eux, ont
fous leurs charges plufieurs grandes forefts, qui s'eftendent en diuers Bailliages,
Senefchauffees , refforts & Iurifdictions,
& qu'il feroit dificile que chacun peuft
faire les vifitations qu'ils font tenus de
faire par nos Ordonnances, ne eux ac-
quitter au deuoir de leurfdites charges, &
qu'il eft expedient y pouruoir pour la con-
feruation d'icelles nofdites eaux & forefts : Auons par le mefme aduis que deffus, creé & erigé , creons & erigeons en
chef & tiltre d'Office formé vn Maiftre
patticulier de nofdites eaux & forefts,
tant en noftre Preuofté & Vicomté de Paris qu'en chacun des Bailliages , Senef-

chauſſees & Iugeries de noſtredit Royaume. pays , terres & ſeigneuries de noſtre
obeiſſance , eſtans és reſſors de noſdites
Cours de Parlement deſdits Paris. Thoulouze , Bordeaux , Rouen, Dijon. Greno-
ble , que Aix. Et pour le reſſort de noſtre
Cour Parlement de Bretagne , en chacun
Eueſché & Dioceſe d'iceluy pays , auecques vn Lieutenant en chacun d'iceux, vn
Aduocat & vn Procureur pour nous de
robbe longue, & quaıfiez, & vn Greffier:
ſi ja toutesfois n'y a eſté par nous pourueu ou en chacun d'iceux , leſquels Maiſtres de noſdites eaux & foreſts , ou leurs
Lieutenans exerceront chacun en leurs
limites & reſſorts, auecques telle cognoiſ-
ſance de Iuriſdiction & pouuoir. qu'ont
accouſtumé auoir les autres Maiſtres &
Lieutenans anciennement pourueus , &
qui leur eſt attribué par nos Ordonnances, tant anciennes que modernes ſur ce
faites . joüyront auſſi enſemble leſdits
Procureurs & Greffiers deſdits eſtats &
Offices, à tels honneurs, authoritez , prerogatiues, préeminences, priuileges, franchiſes, libertez, que font & ont accouſtumé faire les autres anciens Officiers en

semblable estat & qualité : Et aux gages,
c'est a sçauoir pour chacun desdits Maistres par nous nouuellement creez , trois
cens liures tournois : pour chacun desdits
Lieutenans, cent liures tournois : pour
chacun desdits Procureurs , cinquante
liures tournois , & pour chacun desdits
Greffiers vingt cinq liures tournois outre
l'emolument de leurs Greffes , sans toutesfois qu'aucuns desdits Maistres , ainsi
par nous nouuellement creez, que dit est,
leursdits Lieutenans. Procureurs & Greffiers, puissent prendre ne pretendre auoir
aucun droict de chauffage.

5. Item, d'autant qu'il pourroit estre
qu'il y auroit ja institution d'aucuns Maistres & autres Officiers de nosdites forests, selon les destroits de nosdits Bailliages, Seneschaussees ou iugeries, lesquels à
cause de leurs estats & Offices ont pieça
gages ordonnez, qui ne reuiennent preci-
sément à sçauoir ceux desdits Maistres , à
la somme de trois cens liures; ceux desdits
Lieutenans, cent liures : Procureur , cinquante liures : & Greffier vingt-cinq liures, ains sont moindres ou plus grands.
Nous à ces causes auons dit, statué & or-

donné, difons, ftatuons & ordonnons, que ceux defdits Maiftres, autres Officiers qui ont plus grands gages que ceux que nous auons cy-deffus ordonnez, demeureront & feront entretenus en leurfdits gages & droicts accouftumez : Et quant à ceux qui n'en auroient aucuns, ou les auroient moindres qu'ils prendront de nouueau leurs gages à raifon defdites fommes, ou bien ce qui leur fera neceffaire, & leur defaudra pour les leur parfournir. Et pour ce faire, feront tenus refpectiuement prendre de nous nouuelle prouifion dedans deux mois apres la publication de cefdites prefentes, fans laquelle prouifion nous leur auons interdit & defendu, interdifons & defendons l'exercice & adminiftration de leurs Offices, auec la perception de leurfdits gages, que nous auons pareillement prohibé & defendu, prohibons & defendons à nos Receueurs ordinaires de ne leur en faire aucun payement, & à nos gens des Comptes de ne les alloüer.

6. Item, voulons & entendons que chacun de nofdits Officiers, tant Maiftres qu'autres, demeurent & facentleur refi-

dence en la principale ville de la Preuoſté,
Bailliage, Seneſchauſſee, Iugerie & Dioceſe dont ils ſeront par nous pourueus.

7. Item, voulons & entendons que les
Maiſtres anciens de noſdites eaux & foreſts, & leurs ſucceſſeurs ayent tels gages
& droiƈts de chauffage qu'ils ont accouſtumé auoir: Et ſi en aucuns deſdits Bailla-
ges ſe trouuoit que pour la conſeruation
de noſdites eaux & foreſts y euſt ſous vn
ſeul Maiſtre deſdites eaux & foreſts pluſieurs & diuers ſieges, eſquels y auroit
Lieutenant, Procureur & Greffier par
nous pourueus, nous n'entendons iceux
ſupprimer, ains qu'ils demeurent joüyſ-
ſans de leurſdits eſtats, comme ils font &
ont accouſtumé faire par cy-deuant:& eſquels ſieges particuliers ledit Maiſtre eſta-
bly au reſſort du Bailliage, Seneſchauſſee
Iugerie ou Dioceſe, eſquels leſdits ſieges
particuliers ſeront enclauez, pourra exercer ſon eſtat de Maiſtre, & la Iuſtice de
noſdites eaux & foreſts, quand bon luy
ſemblera, & jouyr au ſurplus de tous les
droiƈts dont leſdits Maiſtres ont accouſtumé de jouyr és ſieges particuliers de
l'eſtenduë de leur maiſtriſe, eſquels y a

Lieutenant. Voulons aussi & entendons
que ceux qui sont ja par nous pourueus
desdits Offices de Maistres de nosdites
eaux & forests, & qui ont accoustumé les
tenir & exercer en diuers Bailliages , Seneschauffees & Dioceses , qu'ils ne les
puissent plus tenir & exercer, sinon en telle ville desdites Preuostez, Bailliages, Seneschauffees , Iugeries ou Dioceses de
leurdit ressort qu'ils aduiseront , dont ils
pourront faire choix & élection, ainsi que
bon leur semblera pour leur residence , &
dont ils demeureront particulierement
pourueus , sans que de là en auant ils se
puissent plus immiscer n'entremettre d'e-
xercer leursdits estats és autres Bailliages
& lieux qui souloient estre de l'estenduë
de leurs charges.

8. Item, & là où il y auroit aucuns desdits
Maistres particuliers , leurs Lieutenans
ou autres nos Officiers desdites eaux &
forests, qui pour la commodité de leurs
anciennes demeures ne voudroient resi-
der és villes capitales de nosdits Bailliages, Seneschauffees, Iugeries ou Dioceses,
esquelles nous auons estably & establissons les sieges desdites maistrises & Iusti-

ce de

ce de nosdites eaux & forests , ou qu'ils
fussent delayans ou refusans de prendre
les gages ou creuë d'iceux que par le present Edict nous leur attribuons , ensemble
les lettres de nouuelle prouision à eux
pour ce necessaires : En ce cas nous auons
declaré & declarons que nos vouloir & intention sont qu'il sera par nous pourueu
ausdits estats de gens capables , idoines &
& suffisans en leurs lieux , pour iceux tenir & exercer, sans toutesfois à nous de les
rembourser des sommes qu'ils monstre-
ront & verifieront deuement auoir respectiuement payees pour la prouision de
leursdits estats.

9. Item, que lesdits Maistres & Lieutenáns
ainsi parnous nouuellement creez que dit
est , & qui seront par cy-apres par nous
pourueus, aduenant la vaccation desdits
Offices seront receus par ledit grand Maistre ou son Lieutenant aux Tables de
Marbre en chacun ressort desdits Parlemens,& les autres Officiers seront receus
par lesdits Maistres particuliers ou leurs
Lieutenans respectiuement , chacun en
leur ressort.

10. Item, auons ordonné & ordonnons

que les appointemens , sentences & iugemens qui seront donnez par lesdits Maistres de nosdites eaux & ou leursdits Lieutenans non excedans dix liures tournois
de rente ou reuenu, & cent liures tournois
pour vne fois , soient par maniere de prouision executees , nonobstant oppositions
ou appellations quelconques, & sans preiudice d'icelles , pour lesquels ne voulons
estre differé, pourueu toutesfois que lesdites sentences ayent esté & soient confir-
mées par ledit grand Maistre & general
reformateur ou ses Lieutenans esdites
Tables de Marbre chacun en son ressort.
Et si entendons que l'execution des despens des instáces pour ce intentees soient
differez iusques en difinitiue.

11. Aussi pour les mesmes causes voulons & ordonnons qu'en procedant par
ledit grand Maistre, sesdits Lieutenans &
Conseillers aux informations , instru-
ctions & iugemens de tous les procez
qu'ils feront, passent outre par maniere de
prouision, nonobstant oppositions ou appellations quelconques, & sans preiudice
d'icelles , pour lesquelles nous voulons
estre differé , pourueu toutesfois que les

ças soient reparables. Et semblablement
que les sentences & iugemens qui n'exce-
deront lesdites sommes de dix liures tournois de rente ou reuenu , & de cent liures
pour vne fois , soient executees aussi par
maniere de prouisions ou appellations
quelconques & sans preiudice d'icelles,
l'execution des despens desdites instances
neantmoins differee & reseruee en difinitiue : Et à la charge qu'aux iugemens d'i-
ceux procez seront iusqu'au nombre de
sept qui signeront les dictons desdits iugemens : Et où ils ne seront ledit nombre de
Lieutenans & Conseillers , pourront ap-
peller autres nos Conseillers, ou Officiers
de Iudicature ou Aduocats pour accom-
plir iceluy nombre.

12. Item , pource qu'au moyen de la
longueur de Iustice, plusieurs des delicts
commis au faict de nosdites Forests demeurent impunis, à cause des appellations
interjetees par les delinquans & compli-
ces : Nous pour à ce obuenir, voulons &
ordonnons que toutes les sentences don-
nees par les Maistres particuliers ou leurs
Lieutenans de nosdits Bailliages , Seneschaussees , Iugeries & Dioceses , soient

executees iufqu'à la sóme de dix liu. pour
vne fois,nonobftãt oppofitiós ou appellations quelscóques & fans preiudice d icelles,pour lefquelles ne voulós eftre differé.

13 Voulons & ordonnons pareillement
qu'en procedant par ledit grand Maiftre,
fefdits Lieutenans & Confeillers au faict
des reformations tenãt leurs fieges, qu'ils
puiffent au nombre de trois , foient defdits Lieutenans, Confeillers,ou Aduocats
trouués fur les lieux,iuger,executer ou fai
re executer leurs iugemés non excedãs la
sóme de 40.l. pour vne fois payer,auec la
condãnation entiere des defpés non exec-
dãs pareille sóme de 40.l.auffi par maniere de prouifion,nonobftant cóme deffus.

14. Item , voulons & ordonnons que
les Gruyers , Verdiers , Maiftres des gardes, Maiftres Sergens , foreftiers & leurs
Lieutenans,ne cognoiffent finon des caufes & matieres , & iufques à telle fomme
qui leur eft limitee & attribuee par les ordonnances faites par le feu Roy noftre
tres-honoré feigneur & pere (que Dieu
abfolue) pour le faict de nofdites eaux &
forefts és annees cinq cens feize & dix-
huict. Et les appellations qui interuien-

dront de leufdites fentences, voulons eftre releuees & reffortir pardeuant lefdits Maiftres particuliers ou leurfdits Lieutenans, felon que de tout temps & d'ancienneté il eft accouftumé & ordonné faire par lefdites Ordonnances.

15. Item , pource que plufieurs ignorans ne fçachans lire, efcrire l'art & pratique de Geometrie, d'Arithmetique, d'Arpenter, mefurer, borner & faire autres chofes requifes à l'eftat d'Arpenteur & Mefureur, qui fans pouuoir & prouifion de nous, ny auoir efté experimentez efdits arts fe font entremis & entremettent ordinairement d'arpenter, mefurer & borner bois, terres, eaux & forefts, affeoir bornes , faire partages & diuifions à diuerfes mefures , rapports & autres chofes , dont plufieurs fauffetez, abus, procez & differens & autres inconneniens font aduenus & aduiennent , au grand preiudice & intereft de nous & de noftredite Republique, pour aufquelles chofes obuier & reparer , & voulans pouruoir aufdits eftats , comme chofe tres-requife pour la confequence, & que lefdits Arpēteurs font Iuges Referendaires, & creus de leurs rapports : Auons

par cesdites presentes creé, erigé, ordonné
& estably, creons, ordonnons, erigeons &
establissons en chef & tiltre d'Offices, formez, outre & sous nostre grand Arpenteur ordinaire en chacun Bailliage, Senes-
chaussee & anciens ressorts d'iceux, de
nostredit Royaume, pays, terres & seigneuries, six Arpenteurs & mesureurs de
terre, bois, eaux & forests, comprenant
les Arpenteurs qui y ont esté ja par nous
pourueus: Ausquels Offices seront prefe-
rez ceux qui y ont esté experimentez &
commis par nostredit grand Arpenteur,
lesquels Arpenteurs chacun en leursdits
Bailliages, Seneschaussees & ressorts pri-
uatiuement à tous autres, mesureront &
arpenteront tous bois, buissons, forests,
garennes, terres, eaux, Isles, pastis, com-
muns, prez, ventes, assoiront & leueront
bornes, feront partages, diuisions & rapports de toutes les choses susdites & autres circonstances & dependances d'icelles, soit qu'elles soient de nostre Domaine
& à nous appartenans ou aux Princes,
Prelats, gens d'Eglise, communautez, seigneurs & autres nos sujets particuliers de
nostredit Royaume, pays, terres & sei-

gneuries. Et generallement feront tout
ainſi que peuuent faire noſtredit grand
Arpenteur & autres par nous eſtablis en
aucuns lieux d'iceluy noſtre Royaume, &
ſans aucunement prejudicier auſdits Princes , Prelats , Seigneurs & hauts Iuſticiers
ayans pouuoir de faire & creer Arpenteurs en leurſdites terres & hautes Iuſti-
ces , auſquels Arpenteurs ainſi par nous
creez, nous auons ordonné & ordonnons
par ceſdites preſentes pour tous droicts &
taxations : à ſçauoir vingt ſols tournois
pour chacune iournee qu'ils vacqueront,
ſoit pour nous ou pour autres parties:
quinze deniers tournois pour chacun
roolle de leurs procez verbaux & rapports, ſans le ſalaire & vacation de leurs
Aydes , que nous auons taxez & taxons à
chacun d'iceux , cinq ſols tournois pour
chacune iournee. Voulans qu'iceux Arpenteurs jouyſſent & vſent des priuileges,
franchiſes & libertez , qui d'ancienneté
leur ont eſté par nos predeceſſeurs donnez & octroyez , & qui ſont enregiſtrez és
regiſtres de noſtre Chaſtelet de Paris.

17 Item , pource que leſdits Maiſtres,
Gruyers, Verdiers & leurs Lieutenans,

ont contre les Ordonnances commis &
commettent gardes , Sergens extraordi-
naires & trauersiers: Auons comme chose
necessaire au lieu d'iceux, creé , erigé , ordonné & estably, creons, erigeons, ordonnons & establisons en chef & tiltre d'Offices formez, & outre ceux qui sont ja pourueus, encores neuf Sergens dangereux en
nostre ville, Preuosté & Vicomté de Paris:
en laquelle ville de Paris quatre d'iceux y
feront leur continuelle residence, auec les
deux qui sont ja residens, & vn residera en
la ville de Laigny, & vn en chacune de nos
villes de Montlhery, Poissy, Corbeil, & vn
en nostre Chastellenie de Tournan, pour
la garde de nostre bois de Franqueux , ri-
uiers & nos droicts d'icelle Chastellenie:
& vn autre que nous creons semblablement en nostre ville & Chastellenie de
Brye conte Robert , pour la conseruation
de nosdites eaux & forests. Et resideront
chacun desdits Sergens sur les lieux qui
leur seront establis pour leur charge , sans
qu'ils puissent faire exploicts hors leurs limites , n'eux distraire de leurs demeuran-
ces, & courir les vns sur les autres, ne commettre sous eux aucunes personnes , sur
peine

peine de priuation de leurs eſtats & Offices par chaſcun deſdicts Sergens dangereux qui y ont eſté & ſeront par nous creez & pourueus eſdits Offices, en chaſcune
de leur charge & deſtroicts, ſeruir aux ſieges deſdits Maiſtres particuliers: maiſtres
Gruyers, Verdiers, Maiſtres Sergens, Capitaines, Foreſtiers, ou de leurs Lieutenans, faire rapports & exploicts de tout
ce qu'ils trouueront auoir eſté faict contre
nos Edicts & Ordonnances: auoir l'œil &
regard ſur tous les fleuues, tant grãds que
petits, riuieres, Iſles, eſtãgs, gors, Iabaux,
moulins, peſcheries, eſcluſes, atteriſemẽs,
mareſts & alluuions, comme ils ont accouſtumé faire d'ancienneté.

18. Item par ce que pluſieurs grandes
maluerſations ſe commettent iournellement dedãs nos foreſts, au moyen que les
amendes eſquelles ſont condamnez les
maluerſans & delinquãs en icelles, ſe don-
nent à ferme, auec leſquels fermiers iceux
delinquans compoſent facilement: & auſſi
qu'en noſtre pays de Normandie les Sergens de nos foreſts ſont cõtraincts à cueil-
lir leſdictes amendes par nos Vicomtes &
Receueurs: au moyen dequoy, pendant

qu'ils vacquent àleuer icellesdites amendes, leurs gardes & deſtroits de ſeruente-
ririe ſont pillez, & pluſieurs maluerſations
en icelles commiſes. A ceſte cauſe, pour
obuier à tels abus, delits & maluerſations
qui ſe commettent & pourroient commettre en noſdites eaux & foreſts: Auons
creé & erigé, creons & erigeons en chacune Vicôté & recepte de noſtredit Royaume, vn Sergent collecteur des amendes
adiugees par leſdicts maiſtres ou leurs
Lieutenans, Gruyers & Verdiers qui auront le tiers deſdites amendes, forfaictu-
res & confiſcations, adiugees, & à adiuger,
pour les deux tiers qui en reſteront, eſtre
par eux mis, francz, quittes & deſchargez
de tous frais és mains de nos Vicomtes &
Receueurs ordinaires, chacun en ſon regard.

19. Item, pource que ſommes aduertis,
que pluſieurs Sergens qui ont par cy deuant eu telles charges, y ont commis pluſieurs abus, & dreſſé les certifications de
non valoir, prins & exigé des condamnez,
aucuns deniers: Nous, pour à ce pouruoir,
voulons & ordonnons, que là où aucuns
deſdits Sergens par nous creez par le pre-

sent Edict, bailleront à nosdicts Vicomtes
ou Receueurs aucunes desdites certifications de non valoir des amendes . forfai-
ctures , ou confiscations qui luy auroient
esté baillees à recouurer, fondees sur la ca-
rence des biens desdits condamnez , qui
neantmoins ne se trouuassent veritables,
ains au contraire : lesdits condemnez soluables des sommes à quoy monteroient
lesdites amendes , qu'iceux dicts Sergens
en seront tenus du total, & contraincts en
leurs priuez noms à nous en faire payement, ainsi qu'il est accoustumé faire pour
nos propres deniers : A tous lesquels sus-
dits offices nous pouruoirons des personnages idoines & suffisans , selon l'estat &
qualité d'iceux, qui seront par nous choisis
& esleuz , & ausquels baillerons & decer-
nerós nos lettres à ce necessaires , sans que
par cy apres la vacation aduenant desdicts
offices par nous nouuellement creez , soit
par mort, forfaicture, resignations ou autrement, il y puisse estre pourueu par autre, de quelque estat, qualité ou condition
qu'il soit , que par nous & nosdits successeurs,

20.   Item, suiuant ce qui a esté par nous

cy-deuant ordonné pour le regard des
Maiſtres, Lieutenans, Procureurs, Greffiers eſtablis par les Bailliages, Senéchauſ-
fees, Iugeries & Dioceſes, auons ordonné
& enioignons à tous nos autres Officiers
deſdites foreſts, qui n'auront obtenu de
nous prouiſion de leurſdits offices, qu'ils
ayent à eux retirer pardeuers nous pour
en prendre autres nouuelles, ſuiuant leſdites preſentes. Et ce dedans deux mois
apres la publication d'icelles; autrement,
& à faute de ce auoir fait dedans ledict
temps, & iceluy paſſé : Nous par ceſdites
preſentes leur auons interdit & defendu,
interdiſons l'exercice deſdits offices, nonobſtant leſdites prouiſions qu'ils en pourroient auoir eu de nos predeceſſeurs &
nous par le paſſé.

21. Item, pource qu'il eſt beſoin & ne-
ceſſaire à noſdits grand Maiſtre & maiſtres
particuliers eſtablis par les Bailliages, Se-
néchauſſees, Iugeries & Dioceſes, faire faire aucuns frais pour l'execution de leurs
decrets & ordonnances: Nous à ces cauſes
auõs dõné pouuoit par ceſdites preſentes
audit grãd Maiſtre, outre ſon pouuoir ordinaire, & ſans y deroger, & à chacun de ſes

Lieutenãs,& aufdits maiftres particuliers
& leurs Lieutenans en l'abfence defdicts
maiftre , de taxer & ordonner fur les deniers qui prouiendront des defaux , ex-
ploits & amendes de leurs fieges refpectiuement : c'eft à fçauoir lefdits grand
Maiftre,& fefdits Lieutenans , iufques à la
fomme de trois cens liures tournois :   Et
aufdits maiftres particuliers & à leurfdicts
Lieutenans , iufques à la fomme de cent
liures par chacun an , pour fubuenir & fa.
tisfaire aux frais & mifes qu'il conuiendra
pour l'expedition & exercice de iuftice , &
fans lefquels elle ne fe pourroit faire , &
fans qu'iceux grands Maiftres,leurs Lieutenans,Maiftres particuliers & leurfdicts
Lieutenans , puiffent taxer & ordonner
aucune chofe fur lefdites sómes,foit pour
leurs iournees & vacations de leurs Lieutenans,Confeillers,nos Aduocats & Procureurs , ne pour autre fin que pour les
frais neceffaires de l'adminiftration de iuftice , & inftrnction & perfection des procez où n'y a partie que noftre Procureur.

22. Item , voulons & ordonnons auffi
que tous les gages auec les frais & mifes
de Iuftices ordónez ainfi que dit eft,foient

baillez & payez à chacun defdits Officiers
& autres qu'il appartiendra par nos Receueurs ordinaires des deniers de leurs receptes refpectiuement : Et ce par les ordonnances & mandemens des Treforiers
de France & Generaux de nos Finances,
grand Maiftre, fefdits Lieutenans , Maiftres particuliers de nofdites eaux & forefts, ou de leurfdits Lieutenans , chacun
en fon regard , & fi comme à luy appartiendra. En rapportant lefquelles ordonnances & mandemens que nous auons
dés-à prefent comme pour lors,& deflors
comme à prefent, validées & authorifees,
validons & authorifons , comme fi par
nous auoient efté faites & ordonnees , &
les rolles & cayers defdits frais & mifes
deuëment certifiez ,, & les quittances des
parties où elles efcherront:voulons & ordonnons auffi , que tout ce que baillé , &
deliuré aura efté & fera aufdites perfon-
nes pour les caufes & ainfi que deffus, par
chacun de nofdits Receueurs refpectiuement foit paffé & alloüé en la defpenfe,&
rabatu de la recepte de leurs comptes, par
nos amez & feaux les gens de nos Côptes
& tous autres qu'il appartiendra:aufquels

nous mandons ainſi le faire ſans dificulté.

23. Item, & à ce que les deſſuſdits Officiers ainſi par nous creez & pourueus , ne
ſoient aucunement troublez , perturbez
& empeſchez en l'exercice de leurs Offices
& Iuriſdictions, qui ſont ordinaires & anciennes, par aucuns autres Iuges & Officiers qui ſe dient Commiſſaires reformateurs, tant en premiere inſtance que dernier reſſort des eaux & foreſts de noſtredit Royaume,& auoir de nous pource lettres de commiſſion que nous auons entendu & trouué eſtre de grands frais pour
nous , & trauail pour nos ſujets, cauſe des
perturbations & troubles deſdites Iuriſdictions ordinaires & de pluſieurs autres
inconueniens,ſans qu'il ſoit apparu aucun
profit , reglement & reformation d'aucunes d'icelles eaux & foreſts : Nous pour
ces cauſes , & deſitans remettre leſdites
Iuriſdictions ordinaires en leur entier &
ancien ordre , comme choſe vtile à nos
ſujets , tenir les deſſuſdits Officiers en
ce preſent reglement , auons par ceſdites
preſentes reuoqué & reuoquons tous Cõ-
miſſaires reformateurs par nous commis
pour reformer aucunes eaux & foreſts de

uoſtredit Royaume, tant en premiere inſtance que dernier reſſort en quelque part & ſous quelque forme & maniere & pour quelque cauſe & occaſion que ce ſoit, caſſé & annullé, caſſons & annullons noſdites lettres de commiſſion, ſoient generalles ou particulieres a eux addreſſees, leur faiſant expreſſes inhibitions & defenſes de plus s'entremettre auſdites reformations & executions d'icelles nos lettres, leurs circonſtances & dependances, deſaduoüant & declarant dés-à preſent comme pour lors, & deſlors comme à preſent, nul & de nul effet & valeur tout ce qui ſera par eux fait apres la publication de ceſdites preſentes : Et en outre ſur peine de tous deſpens, dommages & intereſts des parties intereſſees, & amende enuers nous à appliquer.

24. Item, ſi aucunes procedures & procez auoient eſté par eux faits, encommencez & indecis en vertu de noſdites lettres de commiſſion : Nous icelles procedures & procez en l'eſtat qu'ils ſont, circonſtances & dependances, auons euoquées & euoquons à nous & à noſtre perſonne. Et ainſi reuoquées, & renuoyees, renuoyons

pardeuant

pardeuant les gens de nos Cours de Parlement , lesdits grands Maistres particuliers , & à leurs Lieutenans respectiuement , chacun en droict soy , & si comme
àeux appartiendra, Et ainsi que seront lesdits procez & procedures disposez, pour
par eux reprins les derniers erremens , si
mestier est, & voyent que besoin soit estre
en leur ordinaire procedé aux paracheue-
mens d'iceux procez & matieres , ainsi
qu'ils verront estre à faire par raison. Vou-
lant & ordonnant que d'oresnauant aucunes reformations desdites eaux & forests
ne soient faites par autres quelsconques
Iuges ou autres personnes que par ledit
grand Maistre, sesdits Lieutenans & Conseillers , Maistres particuliers & leursdits
Lieutenans, comme de chose estant du deuoir & exercice de leurs estats : Et pour
lesquels ils sont expressément & speciale-
ment instituez , sans qu'il leur soit besoin
auoir de nous autres lettres de commission que le pouuoir de leur Iurisdiction
ordinaire à eux donné & octroyé par nos
Ordonnances & cesdites presentes. Et defendons tres-expressément à nostre tres-
amé & feal Chancelier & garde de nos

seaux, maistres des requestes de nostre ho-
stel, & garde des seaux de nos Chãceliers,
& aux Secretaires de nos finances & com-
mandemens respectiuement, de non ex-
pedier ny seeller lettres de commission
pour reformer lesdites eaux & forests, à
quelques personnes, & pour quelque cause ou occasion que ce soit, & à nos Procureurs de ne les consentir ny accorder, ains
leur enjoignons les empescher, impugner
& debattre, encores que par lesdites lettres
fust expressement releué de cesdites presentes : & quelque clause derogatoire, ou
derogatoire de la derogatoire qui y fust
inseree.

25. Item, voulons & ordonnons, que
pour la conseruation de nosdits bois & forests, les Maistres, tant anciens, que par
nous nouuellement creez, & aussi chacun
de leurs Lieutenans en son regard, visitent
deux fois l'an, bien & deuëment nosdictes
forests, de garde en garde, en la presence
des Verdiers & Sergens d'icelles. Et de
tout, ensemble des delicts, entreprises &
maluersations y commises, ils facent procez verbal en bonne & deuë forme, lesquels quinze iours ou vn mois apres ils se-

ront tenus de bailler & mettre és mains de noſtre Procureur eſdites eaux & foreſts en iugement, dont ſera fait acte. Auquel noſtredit Procureur auons ſemblablement enioinct, voir bien & diligemment leſdits procez verbaux, & des delits & maluerſations qu'il trouuera en iceux, enſemble de tous autres delits, qui iournellement ſe commettent eſdites foreſts, faire les pour-ſuittes, ſur peine de s'en prendre à luy.

26. Item, quant aucunes amendes nous ſeront iugees par leſdits Maiſtres ou leurs Lieutenans pour raſion deſdits delits & maluerſations commiſes en noſdites eaux & foreſts, que leſdites amendes ſe taxent & liquident en iugement, & ſur le champ, ſelon la qualité du delit, & que les roolles deſdites amendes ſe baillent au Sergent Collecteur d'icelles de mois en mois, ſi-gnez des maiſtres ou leurs Lieutenans & Greffiers, pour les leuer ſans deport ſur les delinquans.

27. Item, que chacun Sergent ſoit creu des priſes qu'il ſera en noſdits bois & fo-reſts, où il n'y eſchera qu'amende pecũniaire, ſoit pour raiſon du lieu où auroient eſté faites leſdites priſes, ou de la groſſeur

des arbres prins & couppez, & de la qualité d'iceux, & s'ils ſont verds ou ſecz. Et auſſi de la priſe des beſtes trouuees en méfait, & paſturans és ieunes vêtes & tailliz: & des cheuaux, charroiz & harnois trouuez & chargez de bois mal pris en noſdits bois & foreſts, le tout ſelon & ainſi qu'il eſt contenu par les ordonnances faites ſur le fait deſdites eaux & foreſts.

28. Item, & parce que nous auons eu pluſieurs grands dommages pour le faiɔ & coulpe des Gruyers, Gardes, Maiſtres Sergens, Verdiers & Sergens; afin qu'ils ſe gardent de commettre aucunes maluerſations en noſdites foreſts, & que l'on puiſſe ſur eux recouurer le dommage par eux faiɔ, voulons qu'ils ſoient tenuz d'oreſnauant de bailler caution pardeuant les maiſtres de noſdites eaux & foreſts ou leurs Lieutenans, chacun en ſon reſſort: à ſçauoir leſdiɔts Verdiers, Gruyiers, Gardes, Maiſtres Sergens, de la ſomme de quatre cens liures: dont ſe fera aɔte par les Greffiers deſdits maiſtres pour ſeruir à noſtre Procureur en temps & lieu: & où leſdiɔts maiſtres ou leurs Lieutenans auroient receuz leſdits Verdiers, Gruyrs, maiſtres

Sergens, ou Sergens sans qu'ils ayent baillé ladite caution, ils seront tènus en leurs
propres & priuez noms, iusques à la con-
currence desdites sommes, au cas que lesdits Verdiers, Gruyers, maistres Sergens,
Gardes & Sergens, ne soient Soluables. Et
ceux qui n'auront baillé telle caution par
cy deuant, voulons qu'ils la baillent sur
peine de suspension de leurs estats iusques
à ce qu'ils ayent satisfait.

29.   Item, & pour ce qu'en plusieurs villes de nostre Royaume estant assises pres
nos forests, se vend publiquemēt bois mis
en busche, fagots, bourrees, costerets, mal
pris & desrobé en nosdits bois & forests,
sans qu'il y soit donné aucun empesche-
ment par nos officiers d'icelles : A ceste
cause leur enjoignós de ne permettre ven-
dre aucun bois ainsi à nous dérobé, sur peine d'amende arbitraire. Et mandons à nos
Baillifs, Seneschaux ou leurs Lieutenans,
de donner en ce ausdits maistres ou leurs
Lieutenans confort & ayde quand mestier
& requis en seront.

30. Item, & combien qu'aucuns habitans
& cómunautez de nostreRoyaume, ayent
droict d'vsage en nos forests, à bois mort

& fec , & que par leurdit droict d'vfage ils
ne deuffent faire abbattre ne prendre que
bois de cefte forte,& fans aucune verdeur,
auons entendu que s'il y a aucun arbre ,a-
yant quelque branche feiche , ou le fimet
& couppeau mort & fec,ilz l'abbatent cô-
me mort & fec , combien qu'il y ayt encores brãches verdes, & le cœur fain & verd.
A cefte caufe, voulons obuier à tels abuz,
defendons aufdits habitans , communautez ou autres particuliers,de quelque eftat
& condition qu'ilz foient : de prendre,
coupper , abattre ne toucher aucunement
à quelques arbres,fuppofé s'ils ne font entierement morts & fecs , & fans aucune
verdure. Et où ilz feront trouuez faifans
le contraire , voulons les delinquans eftre
puniz & condemnez és amendes indictes
& declarees par noz ordonnances.
31. Item,eftans les forefts de noftre royaume en partie ruinees par la conniuence
des officiers d'icelles , pour l'intelligence
qu'ils ont auec les abuz & maluerfans ,
pour les abuz & maluerfations , mef-
mes qu'iceux nofdits officiers y commettent fans qu'ilz foient puniz , s'enten-
dans enfemblement . en forte qu'il eft à

croire qu'ils ne se feront iamais les procez
les vns aux autres , & par telle licence d'a-
buser continuant esdites maluersations A
ceste cause, afin que telz delitz ne demeurent impuniz , voulons qu'il soit contre
nosditz officiers qui se trouueront ainsi a-
uoir delinqué & maluersé en nosdites eaux
& forestz, procedé par ledit grand Maistre
& general reformateur ou ses Lieutenans
esditz Parlemens, chacun en leurs ressorts
ordinairement & extraordinairement selon l'exigence des cas, & ainsi qu'ilz verrôt
estre à faire par raison. Aussi voulons que
lesditz grand Maistre & ses Lieutenans
aient la cognoissance des pretendus droits
d'vsage, delitz, abuz & maluersatiós commises es forestz des Princes de nostre royaume, Prelatzs, Colleges , communautez,
Gintilz-hommes & autres , & ce par pre-
uention , & quand requis par eux en seront & non autrement.

32. Item, soubz ombre que plusieurs mal-
uersans & delinquans en plusieurs des forestz de nostre Royaume, qui sont sur les
limites d'aucuns noz Parlemens quand ilz
sont poursuiuiz pour la correction & punition desditz delitz par noz officiers des

foreſtz eſquelles ilz ne ſont iuſticiables de
noſdictz officiers , ains du reſſort d'autre
Parlement,& ſoubz lequel leſdites foreſts
ne ſont aſſiſes.   Voulons que telz delin-
quants en noſdites foreſtz ſoient puniz ſelon l'exigence des cas,ſuiuant nos ordonnances par noſditz officiers,ſoubz la charge deſquelz ſeront leſdites foreſtz,eſquel-
les auront eſté commis leſditz delitz,ſup-
poſé que leſditz delinquãs ſoyent demeurans hors du reſſort de la iuriſdiction de
noſditz officiers,&en vn autre Parlement,
donnant par ces preſentes,puiſſance,pou-
uoir , authorité à noſditz officiers, Verdiers & Sergens, d'exploitter à l'encontre
deſditz delinquans és cas deſſuſditz & de
pourſuiure le bois deſrobé & mal pris.
33. Item , parce qu'auons eſté aduertiz
que noſdictes foreſtz & celles de noz ſub-
iectz demeurent du tout gaſtees , ruinees
& depopulees par faute de retenir nombre ſuffiſant d'eſtallons & balliueaux, en
faiſant les ventes deſditz bois , tellement
qu'elles ne peuuent eſtre repeuplees ne
miſes en bois de haut' fuſtaye pour la conſeruation du bien &ſecours public: Auons
ordonné que les ventes qui ſe feront par

cy apres, tant en noz bois & forestz, qu'en
ceux de noz subietz, sera laissé & expressément retenu tel nombre de balliueaux par
chacun arpent qu'il est porté par nosdites
ordonnances, & à tout le moins en ceux
de noz suietz iusques au nombre de huict,
outre ceux qui aurôt esté retenus es vêtes
precedentes, qu'on appelle anciennes &
modernes balliueaux, sans pouuoir coupper aucuns desdictz balliueaux qu'ils
n'ayent attaint la croissance de quarante
ans pour le moins, si ce n'estoit pour le
necessaire vsage du proprietaire, sans
qu'il en puisse faire vente n'alienation : &
ce sur peine quant aux ventes qui se feront
en nosditz bois, de priuation d'offices de
nosditz officiers contreuenans. Et pour
le regard des particuliers, tant vendeur
qu'acheteur, soubz les peines contenuës
en noz ordonnances. Et à ceste fin auons
donné & donnons pouuoir, puissance &
authorité ausdits grands Maistres particuliers ou leurs Lieutenans, de faire visiter
toutes & chacunes les ventes qui seront
faites cy-apres, tant en nosditz bois que
ceux de nosditz subietz, pour voir & sçauoir si le nombre des balliueaux, cy dessus

costé, y aura esté laissé. Et contre ceux qui auront fait faute, faire proceder par lesdites peines, mulctes & amandes susdites, ainsi que de raison.

34. Item, d'autant que les fleuues & riuieres grandes & petites de nostre Royaume par malice & engins pourpensez des pescheurs, sont auiourd'huy steriles & sans fruict, ce qui tourne au grand dommage de nos subjetz, & qu'à nous appartient la cure & solicitude de l'estat & commun profit de nostre Royaume : Auons defendu & defendons le baz roborin, & tous autres baz, quelz qu'ils soient, qu'ont accoustumé de mettre lesdictz pescheurs en noz riuieres, ensemble, paniers & eclisses & tous autres filetz & engins defendus, tant par les ordonnances de nostre predecesseur le Roy Charles en l'an mil quatre cens deux, que du feu Roy nostre tres-honoré Seigneur & pere en l'an cinq cens seize : Sur peine d'amende arbitraire & punition corporelle, quant aux contreuenans, Voulons & ordonnons icellesdites Ordonnances estre gardees & obseruees selon leur forme & teneur, & enjoignons aux Maistres de nosdictes eaux &

forefts ou leurs Lieutenans, chacun en fon
reffort , de prendre & faire prendre par
leurs Sergens tous lefditz fillets & engins
defenduz, & iceux faire brufler & ardre en
prefence defditz pefcheurs , & fur ce leur
faire & parfaire le procez.

35. Item , que tous Princes , Prelats,
Gentils-hommes & autres nos fujets , fe
pourront aider de ces prefentes ordonnances, chacun en fon regard & en fes do-
maines & heritages. SI DONNONS
en mandement par cefdictes prefentes à
nos amez & feaux les gens tenans & qui
tiendront nos Cours de Parlement de
Paris , Touloufe, Bordeaux , Roüen,
Dijon , Prouence , Dauphiné & Bretagne , aux gens de nos Comptes , Cour de
noz Aydes , Treforiers de France & Generaux de nos finances , grand Maiftre &
general reformateur , maiftres particuliers defdites eaux & forefts de nos royaume, pays, terres & feigneuries, Baillifs, Se-
nefchaux, Preuofts, Iuges ou leurs Lieutenans , & à tous noz autres iufticiers, officiers & fubiectz, & à chacun d'eux, fi comme luy appartiendra , que nos prefentes
declaration, fuppreffion, erection, vouloir

& intention , Edict , ſtatut & ordonnance
faicte par ceſdites preſentes , ſignees de
noſtre main, ils entretiennent , gardent &
obſeruent, facent entretenir garder & ob-
ſeruer inuiolablemēt de poinct en poinct,
ſelon leur forme & teneur, lire publier , &
enregiſtrer en leurs Cours & Iuriſdictiōs,
ſans faire ne ſouffrir aucune choſe eſtre
faite au contraire , laquelle ſi faite auroit
eſté ou ſeroit, ilz le reparent, caſſent & an-
nullent, faſſent reparer , caſſer & annuller
incontinent & ſans delay, reçoiuent ou facent receuoir ceux des officiers par nous
créez, & qui ſeront par nous pourueuz ou
pourrions pouruoir à l'aduenir deſdictz
offices, & qui auroiēt obtenu de nous nouuelle prouiſion d'icelles, & pris & receu le
ſerment en tel cas requis & accouſtumé, ils
le facent , ſouffrent & laiſſent pleinement
& paiſiblement ioüir & vſer deſdicts offices, & à iceux & chacun d'eux obeïr & en-
tendre de tous ceux qu'il appartiendra, és
choſes touchans & concernans icelles: enſemble des gages , droictz, préeminences,
franchiſes , libertez , authorités , prerogatiues , proffitz , reuenuz & emolumens,
& autres droictz & priuileges , par nous

oƈroyez par cefdiƈes prefentes aufdiƈs
officiers & autres deuz, accouſtumez, y
appartenans : & à ce faire & fouffrir , ilz
contraignent reaument & de faiƈ , nonobſtant oppofitions ou appellations quelconques , tous ceux qui pour ce feront à
contraindre. Car ainfi nous plaiſt il eſtre
faiƈ , nonobſtant auſſi quelconques pref-
criptions ou poſſeſſions alleguees , ou à
alleguer, Ediƈ , ſtatué fur la reuocation
des chauffages , publié en l'an mil cinq
cens trente neuf. Et ce quant au chauffage
par nous ordonné par cefdites prefentes
feulement , en autres demeurans lefdiƈs
Edits eu leur force & vertu, & autres mandemens, reſtrinƈions , arreſts , ereƈions,
Ediƈz , ſtatuz , ordonnances , lettres ou
defences , ou autres , & fans auoir efgard
aux oppofitions faiƈes ou à faire par eux
qui par autre que par nous pretendent
eſtre pourueus defdiƈs Offices , fubſtitu-
tions , & commiſſions : le contenu en nos
Ordonnances (Aufquelles il n'aura eſté
derogé par cefdites prefentes) demeurant
en fa force & vertu. Et pource que de ces
prefentes l'on pourra auoir affaire en plufieurs & diuers lieux, nous voulons qu'au

duplicata ou vidimus d'icelles , faict sous
seel Royal, foy y soit adjoustee comme à
ce present original: Auquel & afin que ce
soit chose ferme & stable à tousiours, nous
auons faict mettre nostre seel , sauf en autre chose nostre droict, & l'autruy en toutes. Donné à Paris au mois de Feurier, l'an
mil cinq cens cinquante-quatre, Et de
nostre regne le huictiesme.   Signé ,
HENRY. Par le Roy estant en son Conseil. BVRGENSIS.

*Lecta , publicata & registrata , de man-
dato expresso Regis , & audito Procurato-
re generali eiusdem domini Regis. Parisiis
in Parlamento quindecima die Februarii,
anno domini millesimo quingentesimo
quinquagesimo quarto.*

Ainsi signé,   DV TILLET.

*Collationné à l'Original par moy
Conseiller, Notaire & Secretaire
du Roy & de ses Finances.*

www.ingramcontent.com/pod-product-compliance
Lightning Source LLC
LaVergne TN
LVHW021751060726
842528LV00003B/896